Toyo Shibata

Du bist nie zu alt, um glücklich zu sein

PIPER

Zu diesem Buch

Toyo Shibata wurde in ihrer Heimat Japan zur Berühmtheit, als sie mit 100 Jahren ihr Debüt als Autorin vorlegte. Nachdem sie mit über 90 ihr Hobby – den japanischen Tanz – wegen Rückenschmerzen aufgeben musste, verlagerte sie sich aufs Schreiben von Haikus und kürzeren Betrachtungen. Jeden Tag nahm sie sich die Zeit, ihre Gedanken und Gefühle niederzuschreiben. Ursprünglich im Selbstverlag veröffentlicht, eroberte ihr Buch die Herzen der Japaner im Sturm und verkaufte sich innerhalb weniger Monate fast zwei Millionen Mal. In ihrer Heimat wurde sie bald als Symbol der Weisheit und Hoffnung verehrt und erhielt täglich Briefe von Menschen, denen ihre Gedichte neuen Lebensmut gaben. Denn man ist nie zu alt, um glücklich zu sein!

Toyo Shibata wurde im Juni 1911 geboren. In Japan war ihr ursprünglich im Selbstverlag veröffentlichtes Buch ein Sensationserfolg. Die Ideen zu ihren Gedichten kamen Toyo Shibata meist im Bett oder im Sessel bei sich zu Hause in Tokyo. Sie starb im Januar 2013.

Toyo Shibata

Du bist nie zu alt, um glücklich zu sein

Lebensweisheiten einer Hundertjährigen

Aus dem Japanischen von Ursula Gräfe
unter Mitarbeit von Kimiko Nakayama-Ziegler

Piper München Zürich

Mehr über unsere Autoren und Bücher:
www.piper.de

FSC
www.fsc.org
MIX
Papier aus verantwortungsvollen Quellen
FSC® C014496

Ungekürzte Taschenbuchausgabe
1. Auflage Dezember 2013
2. Auflage Februar 2014

Titel der japanischen Originalausgabe:
»Kujikenaide«, Asukashinsha Co., Tokyo 2010

Vermittelt durch Vicki Satlow Literary Agency
und Japan UNI Agency, Inc., Tokyo
Umschlaggestaltung: Mediabureau di Stefano, Berlin
Umschlagmotiv: Asukashinsha Publishing;
plainpicture/amanaimages
Satz: Kösel, Krugzell
Gesetzt aus der Legacy Serif
Papier: Munken Print von Arctic Paper Munkedals AB, Schweden
Druck und Bindung: GGP Media GmbH, Pößneck
Printed in Germany ISBN 978-3-492-30094-0

Du bist nie zu alt, um glücklich zu sein

INHALT

Vorwort: Leben wie Toyo – 9
Bitte nennen Sie mich nicht Oma – 11
Mutter I – 23
Die Augen schließen – 25
Lebenskraft – 27
An meinen Sohn I – 29
Wind und Sonne – 31
Schmelzen – 33
Mutter II – 35
Ich I – 37
Meine Antwort – 39
An den Herrn Doktor – 41
An mich selbst – 43
Erinnerung I – 45
Vergesslichkeit – 47
Achtlose Worte – 49
An Gott – 51
Im Krankenzimmer – 53
An Dich I – 55
Familie – 57
Im Bad – 59
Wenn ich einsam bin – 61

Der Wind, die Sonne und ich – 63
Nicht aufgeben – 65
Ich mit 96 Jahren – 67
An meinen Sohn II – 69
Ersparnisse – 71
An Dich II – 73
Der Himmel – 75
Glück – 77
Kosmetik – 79
An deinem Todestag – 81
Ich II – 83
Der Ventilator – 85
Massagegutscheine – 87
Telefon – 89
Erinnerung II – 91
Morgen ist ein neuer Tag – 93
In zwei Stunden – 95
Was kann schöner sein – 97
Die Grille – 99
Neujahrskarte – 101
Kōraibashi - Die Brücke des kommenden Glücks – 103
Mein Geheimnis – 105

VORWORT

Leben wie Toyo

Toyo Shibata kam 1911 in der japanischen Präfektur Tochigi zu Welt. Der vorliegende Band mit ihren Gedichten stürmte bei seinem Erscheinen in Japan sofort die Bestsellerlisten.

Ich lernte die inzwischen über Hundertjährige vor einigen Jahren durch meine Arbeit als Redakteurin der Kolumne »Gedicht am Morgen« kennen, die in der japanischen Tageszeitung »Sankei Shinbun« erscheint. Als ich unter den zahlreichen Einsendungen zum ersten Mal ein Gedicht von ihr entdeckte, wehte mir eine frische Brise entgegen. Ja, so kam es mir vor. Wir druckten es, und von diesem Tag an warteten nicht nur unsere Leser gespannt auf Toyo Shibatas Verse, sondern auch ich.

So begeistert war ich, dass Toyo mein Vorbild wurde und ich ihr nachzueifern begann. Ich trage jetzt Lippenstift, auch wenn mich niemand sieht.

Die Unmittelbarkeit und Frische, die Toyo Shibatas Werke ausstrahlen, erreichen selbst nam-

hafte Dichter nur selten. Wer ihre Gedichte mit sich führt, findet in ihnen Ermutigung und wird bei jedem erneuten Lesen immer tiefer von Toyos Lebensweisheit berührt.
Wir danken Toyo Shibata, die uns mit ihrem Sinn für das Unscheinbare so leichthändig den Zauber und die Eindrücke ihres langen Lebens vermittelt.

Kazue Arakawa
(Herausgeberin der Kolumne
»Gedicht am Morgen«)

BITTE NENNEN SIE MICH NICHT OMA

Toyo Shibata

Seit über einem Jahrhundert lebe ich nun auf dieser Welt. Drei Mal hat in dieser Zeit ein neuer Kaiser den japanischen Thron bestiegen. Viel Schreckliches ist geschehen. Es gab Erdbeben, es gab Kriege. Meine schlimmsten Erinnerungen sind die Tage, die ich mit meinem kleinen Sohn im Arm zusammengekauert in einem Luftschutzbunker verbrachte, während die amerikanischen B-29 Tokio bombardierten. Ich glaubte, dass wir sterben würden. Einige Male in meinem Leben haben mich auch Bosheit, Verrat und Einsamkeit beinahe in den Tod getrieben. Es waren unendlich traurige Erfahrungen.

Dann kam die Trennung von meiner Mutter, als sie aus freien Stü-

Im Jahr Taisho 2 (1913). Im Alter von drei Jahren mit meiner Mutter, als mein Leben noch völlig unbeschwert war.

cken in ein Pflegeheim übersiedelte, um uns nicht zur Last zu fallen. Nach einer Augenoperation bestand die Gefahr, dass sie erblinden würde.

Heute lebe ich allein in meinem Haus. Außer an Samstagen, wenn mein Sohn Ken'ichi mich besucht, kümmert sich täglich ein Pflegedienst um mich. Ich muss jedoch ehrlich zugeben, dass ich mich einsam fühle, sobald niemand mehr bei mir ist. Vor allem, wenn es für Ken'ichi Zeit wird, nach Hause zu gehen, sinkt meine Stimmung, und ich werde immer schweigsamer. Dann beiße ich die Zähne zusammen und rufe mich innerlich zur Ordnung: »Gib nicht auf, verlier nicht den Mut. Morgen ist ein neuer Tag.«

Als junges Mädchen hatte ich eine Arbeitsstelle, an der man mich häufig ausschimpfte. In solchen Situationen suchte ich immer Trost an der Kōraibashi – der Brücke des Kommenden Glücks. Eines Tages saß ich wieder am Fuß der Brücke und weinte. Eine Freundin gesellte sich zu mir, ein Mädchen, das wir Fū-chan nannten. »Mach dir nichts draus«,

Im Jahr Showa 19 (1944). Die Hochzeit mit meinem zweiten Mann. Er hatte sich auf den ersten Blick in mich verliebt. Unsere Ehe war sehr glücklich.

tröstete mich Fū-chan und lachte mich an. »Du darfst nur nicht aufgeben.« Also hörte ich auf zu weinen, und als wir zusammen den weißen Wolken nachschauten, die am blauen Himmel zogen, hellte sich auch mein Himmel wieder auf. Über 80 Jahre sind seither vergangen.

Ich war schon über 90 Jahre alt, als ich anfing, Gedichte zu schreiben. Doch eins wurde mir erst damals so richtig bewusst. Ganz gleich, wie schwer und traurig die Zeiten waren, ich hatte immer die Liebe und die Unterstützung meiner Eltern, meines Mannes, meiner Schwiegertochter, meiner Verwandten und Freunde. Was ich heute bin, bin ich durch sie.

So viele schöne Erinnerungen habe ich an unser gemeinsames Leben: an das Wäschewaschen mit meiner Mutter am Fluss; an die Kartenspiele mit meinem Mann, meinem Sohn und meiner Schwiegertochter – manchmal platzten wir fast vor Lachen. Wie gern erinnere ich mich an die Besuche mit meinem Sohn im öffentlichen Bad oder im Kino, an unsere kleinen Ausflüge zu heißen Quellen oder die Reisen, die ich jedes Jahr mit meiner Lieblingscousine unternahm.
Geboren bin ich im Jahr Meiji 44 (1911) als einzige Tochter meiner Eltern Tomizo und Yasu Morishima. Mein Vater war Reishändler und eigentlich recht gut gestellt. Allerdings war er von Natur aus

bequem, was mit der Zeit dazu führte, dass wir unseren Lebensstandard nicht aufrechterhalten konnten. Schließlich - ich war damals zehn Jahre alt - mussten wir unser eigenes Haus Fremden überlassen und in ein kleines gemietetes Haus ziehen.

Im Gegensatz zu meinem Vater war meine Mutter sehr rege. Sie ernährte unsere Familie, indem sie als Zimmermädchen in einem Gasthaus arbeitete und Näharbeiten annahm, die sie zu Hause erledigen konnte. All das zusätzlich zu ihren Pflichten als Hausfrau und Mutter. Sie hatte es damals wirklich schwer.

Mit zwanzig Jahren heiratete ich durch die Vermittlung eines Verwandten. Leider brachte mein Mann kaum Geld nach Hause, was unser junges Eheleben nicht gerade einfach machte. Zudem fehlte wohl die Liebe zwischen uns. Mein Mann jagte mir manchmal richtig Angst ein. Mit Hilfe von Freunden reichte ich schon nach einem halben Jahr die Scheidung ein.

Vorläufig hatte ich die Nase voll von der Ehe. Die nächsten Jahre wohnte ich bei meinen Eltern und verdiente mir meinen Lebensunterhalt in einem Restaurant.

Als ich meinem Mann Eikichi begegnete, war ich dreiunddreißig. Er kam zum Essen in unsere Gaststätte und verliebte sich auf den ersten Blick in mich. Er war zwanzig Jahre älter als ich und unterrichtete an einer Kochschule. Zu der Zeit reiste er

durch ganz Japan, um verschiedene Restaurants kennenzulernen.
Eikichi spielte leidenschaftlich gern. Deshalb kamen wir nie zu besonderen Ersparnissen. Dafür trank er nicht und sorgte stets dafür, dass ich genügend Haushaltsgeld zur Verfügung hatte. Er unterstützte sogar meine Eltern und war auch immer sehr gut zu den Verwandten. Überhaupt half er, wo er nur konnte. Mein Mann hatte seine Eltern sehr früh verloren. Er und seine beiden Geschwister waren ständig herumgeschoben worden. Vielleicht lag ihm deshalb so viel an der Familie.
Im Jahr Shōwa 20 (1945) kam unser Sohn Ken'ichi zur Welt. Sein Name bedeutet »vor allem Gesundheit«. Damals begann meine glücklichste Zeit.

Als ich um die 70 war, begeisterte ich mich für japanischen Tanz. Ich unterrichtete sogar andere in dieser Kunst.

Das Gedicht »Erinnerung II« ist diesem Lebensabschnitt gewidmet. Es ist mir von all meinen Gedichten das liebste.

Wenn ich die Augen schließe, rieche ich noch immer die Osmanthusblüten, sehe das lebhafte Treiben in den Straßen und habe die Melodien von damals im Ohr.
Sicherlich standen Ken'ichi und ich uns in dieser Zeit besonders nah, weil mein Mann so selten zu Hause war. Ungefähr ein Jahr lang brachte ich meinen Sohn täglich zur Schule und blieb bis zur Mittagspause, um bei der Essensausgabe zu helfen.
Ken'ichi war ein lieber Junge. Allerdings neigte er ein wenig zum Jähzorn, sodass es zwischen ihm

Mit Ken'ichi und Shizuko, meiner Schwiegertochter. Ich lebe jetzt allein in diesem Haus.

und meinem Mann häufiger zum Streit kam. Keiner machte sich etwas aus Alkohol, aber beide spielten für ihr Leben gern und gerieten deshalb häufig aneinander. Vielleicht lag es daran, dass beide in einem Jahr des Hahns auf die Welt gekommen waren. Immer wieder riefen sie mich, und ich musste schlichten. Für mich war das eher amüsant. Sie waren einander wirklich sehr ähnlich - Vater und Sohn eben.

Wie mein Mann, der auf chinesische Küche spezialisiert war, sollte auch Ken'ichi Koch werden. Doch er interessierte sich mehr für Filme und Literatur, was vielleicht meinem Einfluss zuzuschreiben war. Je älter er wurde, desto stärker wurde sein Hang zur Literatur. Schon als Schüler reichte er regelmäßig eigene Arbeiten bei Literaturzeitschriften ein. Einige wurden sogar veröffentlicht. Auch seine Frau Shizuko schreibt Gedichte.

Zu Beginn ihrer Ehe lebten Shizuko und Ken'ichi bei mir. Sie mussten aber nach zwei Jahren umziehen. Shizukos Eltern waren bettlägerig geworden, und sie und ihr Bruder teilten sich die Pflege. Außerdem arbeitete sie noch, obwohl sie von Natur aus nicht sehr kräftig ist. Sie ist eine sehr tüchtige Frau, und ich wusste immer, dass mein Sohn bei ihr in guten Händen ist.

Es war mein Sohn, der mich dazu anregte, Gedichte zu schreiben. Eine Zeitlang war ich sehr niedergeschlagen, weil ich wegen starker Rückenschmerzen mein geliebtes Hobby, den japanischen Tanz, hatte aufgeben müssen. Das Dichten tröstete mich über diesen Verlust hinweg. Ich war bereits weit über 90, aber ich werde nie vergessen, wie bewegt ich war, als tatsächlich eins meiner Gedichte in der Zeitung Sankei Shinbun erschien.

Meine Gedichte entstehen meist abends, wenn ich im Bett liege oder fernsehe. Ich notiere mir die Themen mit Bleistift auf einem Block, den ich immer bei mir trage, und samstags, wenn mein Sohn kommt, zeige ich sie ihm. Anschließend schreibe ich sie so lange um, bis ich den Eindruck habe, nichts mehr verbessern zu kön-

Im Kreise von Krankenschwestern und Pflegerinnen. Wenn ich mit ihnen plaudere, vergeht die Zeit wie im Flug.

nen. Dabei lese ich sie mir immer wieder laut vor.
Auf diese Weise brauche ich für jedes Gedicht mindestens eine Woche.
Schon als junges Mädchen habe ich gern gelesen und mir Filme angesehen. Eine besondere Vorliebe habe ich auch für die volkstümlichen Weisen des Komponisten Toru Funamura. Ausgesprochen ergreifend finde ich sein Lied »Die Zeder des Abschieds«. Auch die Texte von Kimio Takano, der leider schon mit 26 Jahren verstorben ist, gefallen mir heute noch sehr gut. Ich habe mir immer gewünscht, solche Verse zu schreiben zu können.
Meine Gedichte haben mich gelehrt, dass das Leben niemals nur schwer und traurig ist.

Dr. Sekiguchi, der Hausbesuche bei mir macht, und eine Krankenschwester. Ich muss unwillkürlich lächeln.

In meinem Alter fällt das Aufstehen oft ganz schön schwer. Dennoch klettere ich jeden Morgen aus dem Bett und mache mir Frühstück. Ich esse Marmeladenbrot und trinke schwarzen Tee dazu. Später helfe ich meiner Haushaltshilfe beim Saubermachen und Waschen, dann schreibe ich meine Einkaufsliste. Anschließend führe ich Buch über meine Ausgaben, sehe nach, welche Rechnungen zu bezahlen sind und wann ich zum Arzt muss. So bin ich immer beschäftigt. Und auch wenn ich mich einsam und traurig fühle, versuche ich, körperlich und geistig rege zu bleiben.
Denn auf dieser Welt bricht mit jedem Morgen ein neuer Tag an.
Seit zwanzig Jahren lebe ich nun allein. Doch ich lebe!

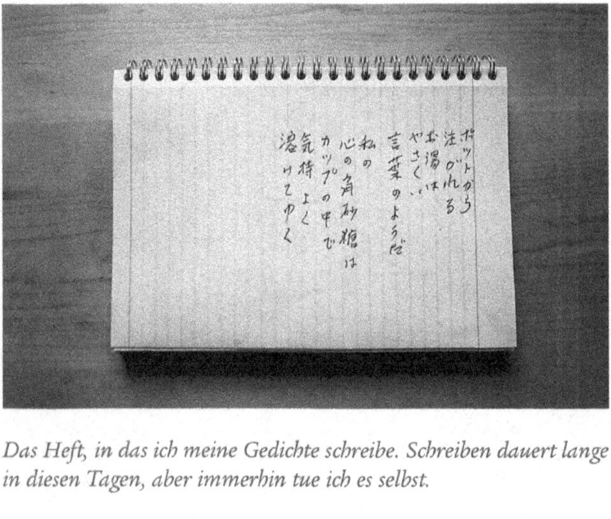

Das Heft, in das ich meine Gedichte schreibe. Schreiben dauert lange in diesen Tagen, aber immerhin tue ich es selbst.

Lebensweisheiten einer Hundertjährigen

MUTTER I

92 bin ich nun
wie meine Mutter als sie starb
immer muss ich an sie denken

Mutter im Heim
wie schwer der Abschied
nach jedem Besuch

Mutter winkt mir nach
ein bleierner Himmel
im Wind schaukeln die Kosmeen
Unvergesslich

DIE AUGEN SCHLIESSEN

Wenn ich die Augen schließe
sehe ich mich
mit Zöpfen
fröhlich hüpfen

höre meine Mutter rufen
weiß die Wolken am Himmel
gelb der Raps auf den Feldern
bis in unendliche Ferne

welche Freude
mit 92 Jahren
die Augen zu schließen –
zu dieser Momentaufnahme der Welt

LEBENSKRAFT

Mit über 90 Jahren
ist jeder Tag
eine Kostbarkeit

Wind auf den Wangen
Anrufe von Freunden
Menschen die mich besuchen

all das
schenkt mir
die Kraft zu leben

AN MEINEN SOHN I

Sooft
dir Unrecht geschieht
denk an deine Mutter

Niemals
sollst du dich rächen
denn später
wirst du dich hassen

Jetzt
schau zum Fenster
die Sonne scheint
die Vögel zwitschern

Kopf hoch
die Vögel singen
Hörst du sie
Ken'ichi?

WIND UND SONNE

Auf der Veranda
sitze ich
und schließe die Augen
Wie geht's
fragen mich Wind und Sonne
Wie wär's
mit einem Gang durch den Garten
flüstern sie mir zu

Na dann los
antworte ich
in meinem Herzen
und ächzend
raffe ich mich auf

SCHMELZEN

Heißes Wasser
aus dem Kessel
wohltuend
wie gütige
Worte

Meines Herzens
Zuckerwürfel
schmilzt
in der Tasse
ah – tut das gut

MUTTER II

Windrädchen in der Hand
laufe ich
meiner Mutter hinterher
warm scheint die Sonne
sanft weht der Wind

Sie dreht sich um
lächelt mir zu
Geborgenheit umfängt mich
ach, wär ich bald groß
um ihr zu danken
wünsche ich mir

Ich
längst älter als sie je war
höre ihre jugendhelle Stimme
im leisen Singen
der frühsommerlichen Brise

ICH I

Mit über 90 Jahren erst
wurde ich zur Dichterin
das gibt mir
jeden Tag aufs Neue
Grund zu leben
dürr und klapprig bin ich nun
doch meine Augen blicken noch
den Menschen ins Herz

meine Ohren hören noch
das Flüstern des Windes
und mein Mund geht – wie ihr wisst
noch flüssig und flink
Dein Verstand ist so klar
lobt ihr mich
was mich beglückt
es macht mir Mut

MEINE ANTWORT

Bisweilen flüstert der Wind
mir ins Ohr:
Komm
lockt er mich
es wird Zeit
in die andere Welt zu gehen.

Meine Antwort
kommt schnell:
Ach ich bleibe
noch ein Weilchen
hab gar so viel zu tun.

Der Wind
zieht ein verlegenes Gesicht
und weht – schsch – davon

AN DEN HERRN DOKTOR

Bitte nennen Sie mich
nicht Oma
und stellen Sie mir
keine dummen Fragen wie
Welcher Tag ist heute?
und Was macht 9 + 9?

Erfreuen Sie mich doch
mit Fragen wie
Frau Shibata, wie finden Sie die Gedichte von
Yaso Saijo?
oder
was halten Sie von unserer neuen Regierung?

AN MICH SELBST

Tränen
gleichen dem tropfenden Wasserhahn
versiegen nicht von allein

ganz gleich wie schwer
und traurig etwas ist
weinen wird nichts nützen

drehen wir doch
mit aller Kraft
den Wasserhahn zu
werden die Tränen
sogleich versiegen

nehmen wir eine frische Tasse
für unseren Kaffee

ERINNERUNG I

Als ich dir sagte
Ich bekomme ein Kind
jubeltest du
Wirklich? Wie wunderbar!
Von nun an werde ich hart arbeiten!

Jener Tag
als wir beide Seite an Seite
heimwärts gingen
durch die Kirschblütenallee
war mein glücklichster

VERGESSLICHKEIT

Im Alter
scheint man ständig
alles Mögliche zu vergessen

die Namen der Leute
viele Schriftzeichen
ja und jede Menge Erinnerungen

alles fort – und warum
macht mich das nicht
traurig?

Das Glück ist
sich mit dem Vergessen
abzufinden

ich höre die Abendzikade
zirpen

ACHTLOSE WORTE

Mitunter
merke ich zu spät
wie sehr
ein achtlos
dahingeworfenes Wort
einen anderen verletzt hat

dann
beeile ich mich
im Herzen
dieses Menschen
Verzeihung zu finden
greife zu Radiergummi und Bleistift
und berichtige

AN GOTT

Früher gab es junge Menschen
die es nicht erwarten konnten
für ihr Land
zu sterben

Heute gibt es Kinder
die sich töten
weil andere sie quälen

Gott! Warum hast
Du ihnen nicht den
Mut gegeben
zu leben?

Die den Krieg machen
die die Menschen quälen
zwinge mit deiner Kraft
in die Knie

IM KRANKENZIMMER

Mit 95 Jahren das erste Mal
im Krankenhaus
im Zimmer mit mir
eine 94jährige, eine 89jährige
und eine 86jährige

an den Tagen
an denen unsere Familien kommen
herrscht Rollstuhlstau
in den Gängen
voller alter Leute

im Rücken
das Lachen
der anderen
derweil ich am Arm meines Sohnes
am Fenster
den klaren Himmel betrachte

AN DICH I

Sich grämen
über Unerreichtes
ist sinnlos
selbst in 96 Jahren habe ich
viele Berge nicht bestiegen
andere nicht abgetragen
zu wenig um die Eltern mich gekümmert
zu wenig meinem Sohne beigebracht
zu wenig gelernt
aber du hast dich bemüht
mit aller Kraft
ist das nicht die Hauptsache?

Komm erhebe dich
und packe etwas an
nur so stillst du
die Reue im Herzen

FAMILIE

Am Tag
als Sohn und Schwiegertochter stritten
verdunkelten Wolken
den Himmel

Am Tag darauf
als Schwiegertochter sagte:
Mutter verzeih den Kummer
den wir dir machten
umfingen mich
Sonnenstrahlen

Wir gehören zusammen
möge der Himmel
über unserer kleinen Familie
stets wolkenlos sein

IM BAD

Im Bad
Neujahrsmorgen
Sonnenaufgang
Wassertropfen
funkeln am Fenster

mein Sohn
der 62jährige
wäscht meinen morschen Leib

die Pflegerin ist
geschickter
dennoch schließe ich
vor Glück die Augen

hinter mir
summt er ein altes Neujahrslied
das Lied das früher ich
für ihn gesungen habe

WENN ICH EINSAM BIN

Wenn ich einsam bin
fange ich Sonnenstrahlen ein
die durch den Türspalt fallen
mit meiner Hand
und reibe sie mir
immer wieder ins Gesicht

ihre Wärme ist die
Wärme meiner Mutter
Mama flüstere ich
wir halten durch
und rapple mich hoch

DER WIND, DIE SONNE UND ICH

Da der Wind
an der Glastür rüttelt
lasse ich ihn ein
dann kommt die Sonne
zu dritt halten wir
ein Plauderstündchen

Großmutter
fühlst du dich nicht einsam
so allein?
fragen Wind und Sonne
Letztendlich
sind wir Menschen
doch immer allein sage ich
Wenigstens hat man seine Ruhe, was?

Wir lachen
an diesem frühen Nachmittag

NICHT AUFGEBEN

Sucht ein Unglück dich heim
klage nicht

Sonne und Wind
sind für alle da

Träumen
kann jeder
wie es ihm gefällt

selbst wenn mir
ein Unglück widerfährt
bin ich glücklich am Leben zu sein

auch ihr dürft nicht aufgeben

ICH MIT 96 JAHREN

Was ist Ihre Meinung
Frau Shibata?
fragt mich die Pflegerin
und bringt mich in Verlegenheit

auf unsrer Welt
stimmt etwas nicht
doch Gerechtigkeit
muss es geben
daran glaube ich

aber dann
seufze ich
und lache nur

AN MEINEN SOHN II

Deine Mama
wird schon nicht dement
keine Angst
Heute ist doch Sonntag?
Und du bist Ken'ichi
mein lieber ungeduldiger
einziger Sohn.

Ich weiß doch noch
alles!

Geh geh schon
und kümmere dich
um deine Arbeit.

ERSPARNISSE

Die Güte
die mir andere schenken
spare ich im Herzen auf
nehme davon
wenn ich traurig bin
und werde wieder froh

spart euch ruhig
solche Gaben zusammen
der Ertrag ist größer
als jede Rente

AN DICH II

Statt geliebte Menschen
zu bedrängen und zu quälen
musst du den verlorenen
Mut zurückgewinnen

eines Tages
wirst du es begreifen

es gibt Menschen
die sich um dich sorgen
du merkst es nur nicht

DER HIMMEL

Wenn ich einsam bin
sehe ich am Himmel
Wolken
wie eine Familie
Wolken
wie eine Karte von Japan
und Wolken
denen ich folgen möchte
wohin ziehen sie
nur immerzu?

Der Himmel glüht im Abendrot
ist voller Sterne in der Nacht

auch du
brauchst Raum
um in den Himmel hinaufzuschauen

GLÜCK

Heute
half mir die Schwester
ein Bad zu nehmen
mein Sohn hat keinen Schnupfen mehr
und wir haben zusammen
ein Curry gegessen

meine Schwiegertochter
die Liebe
hat mich
zum Zahnarzt begleitet
welch eine
Reihe glücklicher Tage

ich strahle
in meinen Handspiegel

KOSMETIK

Mein Sohn –
wie freute er sich
als in der Grundschule
ein Freund ihm sagte
seine Mama sei hübsch

seit er mir davon erzählte
mache ich mich
auch noch mit 97 Jahren
sorgfältig zurecht
ich möchte
bewundert werden

AN DEINEM TODESTAG

Ich habe von dir geträumt
als ich Ken'ichi davon erzählte
sagte er
wie gern auch er dich sehen wollte
ihr beide
habt euch oft gestritten nicht wahr?

Damals
war ich einfach ratlos
jetzt ist Ken'ichi
sehr lieb zu mir
wir beide schreiben Gedichte

Willst du nicht
mitmachen?

ICH II

Am Kopfende meines Bettes
habe ich immer
ein kleines Radio
die Tütchen mit Medikamenten
Heft und Bleistift
zum Schreiben von Gedichten
an der Wand hängt ein Kalender
unter den Tagen
stehen mit Rot
die Namen der Pflegerinnen
wann sie kommen
und der Tag an dem die Kinder mich besuchen

seit achtzehn Jahren
lebe ich nun allein

DER VENTILATOR

Mein Ventilator dreht sich nicht
bis man ihn schlägt
und schüttelt
er klappert nur
und ächzt gequält

morgen
werde ich einen neuen kaufen
vierzig Jahre hast du
mir Kühlung gespendet – danke

jetzt ruh dich aus

MASSAGE-GUTSCHEINE

Ein paar Zettelchen
gefunden
in einem alten Portemonnaie

15 Minuten Schultermassage
für Mama und Papa.
gültig bis Dezember 1931
Ken'ichi

ein Päckchen Gutscheine
aus japanischem Papier
ausgeschnitten von meinem Sohn
in seiner Grundschulzeit

ob ich sie jetzt
noch nutzen kann?

TELEFON

Mühsam richte ich mich auf
nehme das Telefon ab
nur jemand
der etwas verkaufen will
kaum lehne ich ab
wird seine schmeichelnde Stimme
schroff
und er knallt
den Hörer auf

ob es Telefone gibt
die nur erfreuliche Gespräche weiterleiten?

ERINNERUNG II

Kind an der Hand
wartete ich am Bahnhof
auf deine Heimkehr
entdeckte dich
in der Menge der Menschen
und winkte

die kleine Straße die wir drei gingen
duftete süß nach Osmanthusblüten
und aus einem Haus
erklang ein Lied aus dem Radio

wie es dem Bahnhof
und der kleinen Straße
wohl geht?

MORGEN IST EIN NEUER TAG

Als ich beschloss
allein zu leben
wurde ich eine starke Frau
habe auch gelernt
dass es Mut braucht
helfend ausgestreckte Hände
dankbar zu ergreifen

auch für euch Seufzende
Ich bin so unglücklich!
klagt ihr doch auch für euch
kommt ein neuer Tag

und auch die Sonne
wird wieder scheinen

IN ZWEI STUNDEN

Auf der Welt
gibt es ungelöste Fälle
jede Menge

doch wenn
Inspector Colombo
und Kommissar Ninzaburō Furuhata
zu Werke gehen
fassen sie die Mörder bestimmt
in zwei Stunden

WAS KANN SCHÖNER SEIN

Unter den Kotatsu gekuschelt
fernsehen
mein Sohn lacht – im Profil
das Ebenbild
meines Mannes in der Jugend

Kekse und schwarzen Tee
vor mir
und Ken'ichis Profil
was kann schöner sein
an einem Winternachmittag?

DIE GRILLE

In tiefer Nacht schlüpfe ich unter den Kotatsu
um ein Gedicht zu schreiben
doch nach der ersten Zeile
füllen meine Augen sich mit Tränen

irgendwo
zirpt eine Grille
wer weint den besuche ich nicht
ruft sie

Grille kleiner Sänger
komm morgen wieder
morgen erwarte ich dich
mit lachendem Gesicht

NEUJAHRSGRÜSSE

Gut scheint
es ihm zu gehen
na ja was soll's
murmele ich
während ich immer wieder
deine Neujahrskarten anschaue

jedes Jahr am Neujahrstag
denke ich
an dich Vater
kaum dass wir uns sahen
bekamen wir Streit
aber ich habe dich
immer lieb gehabt

DIE BRÜCKE DES KOMMENDEN GLÜCKS

Immerzu schalt man mich
auf meiner Arbeit
weinend saß ich
am Fuß der Kōrai-Brücke

ach mach dir nichts draus sagte Fū-chan
gib nicht auf
sie lachte mich an

das Murmeln des Uzumagawa
blauer Himmel weiße Wolken
Kommendes Glück
hieß die Brücke
an der sie mich so lieb getröstet hat
das war vor 80 Jahren

MEIN GEHEIMNIS

Könnte ich nur sterben
dachte ich Tag um Tag
doch als ich zu dichten begann
erhielt ich Lob von allen Seiten

nun haben meine Klagen ein Ende

auch mit 98 Jahren noch
will ich lieben
will ich träumen
will ich auf den Wolken reiten

François Lelord

Hectors Reise oder die Suche nach dem Glück

Aus dem Französischen von Ralf Pannowitsch. 208 Seiten. Piper Taschenbuch

Es war einmal ein ziemlich guter Psychiater, sein Name war Hector, und er verstand es, den Menschen nachdenklich und mit echtem Interesse zuzuhören. Trotzdem war er mit sich nicht zufrieden, weil es ihm nicht gelang, die Leute glücklich zu machen. Also begibt sich Hector auf eine Reise durch die Welt, um dem Geheimnis des Glücks auf die Spur zu kommen.

»Wenn man dieses Buch gelesen hat – ich schwöre es Ihnen – ist man glücklich.«
Elke Heidenreich

05/2122/02/L

Susanna Schwager

Das volle Leben

Frauen über 80 erzählen. Mit 12 Fotos von Marcel Studer. 272 Seiten. Piper Taschenbuch

Zwölf Schweizer Frauen über achtzig blicken in diesem Buch auf ihr Leben zurück und erzählen von den Höhen und Tiefen, von Sehnsüchten und Kämpfen, von gefundenen und verlorenen Lieben. Susanna Schwager hat die Frauen in ihrem Zuhause besucht und aus ihren Schilderungen ein schillerndes Kaleidoskop weiblicher Lebensentwürfe gewoben. Entstanden ist kein Lob des Alters, sondern ein Hohelied auf das Leben.

»Dies ist ein Geschichtenbuch – aber nicht nur das: es ist Geschichtslektion, Lebensberatung und Soap in einem.«
Tages-Anzeiger, Zürich

05/2509/01/R

Paul Watzlawick

Anleitung zum Unglücklichsein

135 Seiten. Piper Taschenbuch

Paul Watzlawicks »Anleitung zum Unglücklichsein« ist zum Kultbuch geworden. Die Geschichten, mit denen der Autor seine Leser zum Unglücklichsein anleitet – etwa die mit dem verscheuchten Elefanten –, sind inzwischen Allgemeingut. Man kann Paul Watzlawicks Buch mit einem lachenden und einem weinenden Auge lesen. Jeder Leser dürfte etwas von sich selbst in diesem Buch wiederfinden – nämlich seine eigene Art und Weise, den Alltag unerträglich und das Triviale enorm zu machen.

»Eine amüsante Lektüre für Leute, die dazu neigen, sich das Leben schwer zu machen – ohne zu wissen, wie sie das eigentlich anstellen. Ein Lesevergnügen mit paradoxem Effekt. Das Nichtbefolgen der ›Anleitung zum Unglücklichsein‹ ist die Voraussetzung dafür, glücklich sein zu können.«
Brigitte

05/1238/04/L

Thommie Bayer

Eine kurze Geschichte vom Glück

Roman. 224 Seiten.
Piper Taschenbuch

Euphorie und Verzweiflung liegen für Robert Allmann sehr nah beieinander: Am selben Tag, an dem er ein unvorstellbares Vermögen gewinnt, verliert er das Wichtigste in seinem Leben – und ist endlich gezwungen herauszufinden, wer er wirklich ist. Wo liegt das Glück, und wie hält man es fest? Raffiniert und mitreißend erzählt Thommie Bayer von seinem verzweifelten Helden und dessen überraschender Antwort auf eine uralte Frage.

»Ein nachdenkliches, skurriles, zutiefst menschliches Buch. Ein Glückstreffer!«
Myself

05/2615/01/R